Vorwort

Weltweit werden jährlich 40 Milliarden Flaschen Wein gekeltert. Allein aus Europa wetteifern über zehn Länder und unzählige Regionen mit verschiedensten Traubensorten um die Gunst der Weinliebhaberinnen und Weinliebhaber.

Die Konsumenten haben die Qual der Wahl. Der beste Ratgeber beim Kauf eines guten Tropfens bleibt der menschliche Gaumen – allen chemischen Prüfmethoden zum Trotz. Je besser die degustativen Fähigkeiten, desto treffsicherer werden die Weineinkäufe ausfallen und um so größer ist der Weingenuß.

Die bildliche Darstellung des Degustationsvorgangs wird es Ihnen erleichtern, die Geruchs- und Geschmackswahrnehmungen auf der rechten Hirnhälfte mit den analytischen Fähigkeiten der linken Hirnhälfte zusammenzubringen.

Dank dieser spielerischen Methode werden Sie bald routiniert Ihre Sinneseindrücke beim Weingenuß mit den passenden Worten beschreiben und den Geheimnissen des Weins auf die Spur kommen. Leicht und spielend.

W0188296

I Degustation

Voraussetzungen

Um eine erfolgreiche Verkostung durchzuführen, sollten Sie vor dem Start auf folgende Punkte achten:

klarer Kopf

Degustieren beansprucht die ganze Empfindlichkeit Ihrer Sinne. Im ausgeruhten Zustand geht es besser.

neutraler Gaumen

Die Geruchs- und Geschmacksnerven dürfen nicht durch ein vorgängiges Essen oder Zigarettenrauch erschöpft sein.

richtige Zeit

Degustieren ist kein Akt der Hektik. Um den Zauber eines Weins zu ergründen, brauchen Sie genügend Zeit. Beste Tageszeit dazu: vor dem Mittag- oder Abendessen.

ideales Umfeld

Die Luft muß frei von Fremdgerüchen sein. Für die optische Beurteilung des Weins brauchen Sie gutes Licht und ein weißes Tischtuch als Hintergrund.

optimales Glas

Hände weg von farbigen Gläsern! Für die Degustation empfiehlt sich das genormte INAO-Glas. Es wird bis knapp zur breitesten Stelle mit etwa 40 bis 50 ml Wein gefüllt.
Tip: Vergleichen Sie zur Probe einmal den gleichen Wein aus verschiedenen Gläsern. Sie werden staunen, wie andersartig er schmeckt.

der Wein

Massenweine eignen sich zum Üben des Degustationsvorgangs, geben jedoch in geschmacklicher Hinsicht meistens nicht viel her. Gute Qualitäten eröffnen neue Genußwelten. Probieren Sie Flaschen verschiedener Preiskategorien gleichzeitig, um den direkten Vergleich anzustellen.

richtige Weintemperatur

Aroma und Geschmack entfalten sich je nach Temperatur anders. Wie warm ein Wein beim Trinken ist, spielt deshalb eine zentrale Rolle (s. Seite 60).

Inhalt

Ein herzliches Dankeschön an Vinum, das internationale Weinmagazin in Zürich, für die fachliche Überprüfung dieses Werks.

Die 1. Auflage dieses Werkes erschien 1994 in der gkm-edition, Wettswil.

3., ergänzte Auflage, 1997

© 1996 Hallwag AG, Bern

Gesamtkonzept:	Kurt Gibel, Wettswil
Advocatus Diaboli:	Rosella Gibel
Realisation:	Claudius Borer, Cham, und Kurt Gibel
Illustrationen:	Karin Zulauf, Zollikerberg
Umschlaggestaltung:	Robert Buchmüller
Druck:	Hallwag AG, Bern
Bindung:	Schumacher AG, Schmitten

ISBN 3-444-10473-1

Hallwag

Die Degustation in zehn Schritten

1.

Klappen Sie die beiden Umschlagdeckel aus. Sie sind der Kern des Büchleins. Mit der bildlichen Darstellung links erfassen Sie auf einen Blick den gesamten Degustationsvorgang, mit jener rechts die wichtigsten Aromen. Nennen wir diese zwei Übersichten fortan «Wine Maps» (Weinkarten).

2.

In der Wine Map links stehen die beteiligten Sinnesorgane (Auge, Nase und Mund) im Zentrum. Die Farbschweife führen vom Sinnesorgan aus zu einer breiten Palette von Begriffen und Bildern, die bei der Weindegustation üblich sind.
Folgen Sie den Begriffsgruppen im Uhrzeigersinn und halten Sie Ihre Geschmacksempfindungen gemäß den vorgefertigten Checklisten fest (Seite 8 für Rotwein und Seite 9 für Weißwein).

3.

Sollte Ihnen die Technik des Verkostens noch nicht geläufig sein, finden Sie erläuternde Hinweise in Kapitel II – jeweils zu Beginn des Abschnitts.

4.

Beurteilen Sie den Wein zuerst mit Ihren Augen. Der grüne Farbschweif führt Sie zu den passenden Begriffen für das visuelle Erscheinungsbild des Weins.
Transparenz? Perlage? Oberfläche? Farbtönung und Farbtiefe? Die Weinfarben auf den Buchklappen geben Ihnen weitere wesentliche Anhaltspunkte.

5.

Jetzt prüfen Sie den Wein mit Ihrer Nase.
Reintönigkeit? Intensität? Qualität? Dominieren blumige, würzige oder andere Noten?
Wechseln Sie zur zweiten Wine Map und lassen Sie sich von hundert Aromen inspirieren. Suchen Sie auf keinen Fall krampfhaft nach Gerüchen, denn manchmal haben Weine ein einfaches, oft auch nichtssagendes Bukett. Es gibt aber auch Gewächse, bei denen Sie auf Anhieb Holzfässer, Blumen oder Fruchtaromen riechen werden.

6.

Beim nächsten Schritt kommt der Mund zum Zug.
Erster Eindruck? Süße? Säure? Gerbstoffe? Abgang? Harmonie?
Wählen Sie die geeigneten Begriffe auf der Wine Map links!

7.

Zum Schluß beschreiben Sie den Charakter des Weins, wiederum anhand der Begriffe der linken Wine Map, oder mit zunehmender Übung mit eigenen Phantasiebezeichnungen.

8.

Jede Begriffsgruppe auf den Wine Maps ist numeriert. Diese Nummer führt Sie zur Seitenzahl, wo Sie nach der Degustation vertiefte Informationen finden und gleichzeitig Ihre Geschmacksempfindungen auf deren Richtigkeit überprüfen können. Entschlüsseln Sie Ihre Notizen im Kapitel II. Die Fachbegriffe werden im Glossar erläutert.

9.

Zur Benotung des Weins stehen unterschiedliche Skalen zur Verfügung. Ein mögliches Bewertungssystem ist die Vergabe von insgesamt 20 Punkten nach dem folgenden Schema:

Aussehen:	bis 3 Punkte
Geruch:	bis 6 Punkte
Geschmack:	bis 8 Punkte
Gesamteindruck:	bis 3 Punkte
Total:	20 Punkte

10.

Bekanntlich ist noch kein Meister vom Himmel gefallen. Lesen Sie daher diese Anleitung so oft durch, bis Sie sich in den Wine Maps und dem Büchlein gut zurechtfinden.

Tips und Tricks

Auch bei der Weindegustation entwickelt sich die Treffsicherheit erst nach einiger Übung.

Wichtig ist, daß Sie anhand der Wine Maps systematisch vorgehen und Ihre Sinne schärfen. Natur und Küche bieten unzählige Möglichkeiten, unsere oft verkümmerten Organe anzuregen und zu schulen.

Geschmacksvergleiche und wachsende Routine schaffen eine gute Basis für das sichere Verstehen eines Weins. Je größer Ihr Erfahrungsschatz ist, desto freier werden Sie nach Ihren eigenen Maßstäben Weinbeurteilungen vornehmen, unabhängig von Besserwissern und schönen Etiketten.

Lassen Sie sich den Spaß am Weintrinken nicht durch Analysen und Gegenanalysen verderben. Spielerische Neugierde und die Freude am Kennenlernen neuer Tropfen sind die besten Voraussetzungen für rasche Fortschritte im Verkosten.

Degustationsblatt Rotwein

Wein:

Name und Produzent
Kaufdatum
Lieferant
Preis
geografische Herkunft
Rebsorte

Degustation:

Datum der Probe

Eindrücke:

Auge

Transparenz
Oberfläche
Farbtönung
Farbtiefe

Nase

Reintönigkeit
Intensität
Qualität
Aromen

Mund

erster Eindruck
Alkohol
Körper
Säure
Gerbstoffe
Dominanz
Länge
Rückgeruch
Harmonie

Charakter

Gesamteindruck

Degustationsblatt Weißwein

Wein:

Name und Produzent
Kaufdatum
Lieferant
Preis
geografische Herkunft
Rebsorte

Degustation:

Datum der Probe

Eindrücke:

Auge

Transparenz
Oberfläche
Farbtönung

Nase

Reintönigkeit
Intensität
Qualität
Aromen

Mund

erster Eindruck
Süße
Alkohol
Körper
Kohlensäure
Säure
Dominanz
Länge
Rückgeruch
Harmonie

Charakter

Gesamteindruck

II Merkmale von Weinen und ihr möglicher Ursprung

Wein ist ein Naturprodukt – abhängig von Klima, Erdbeschaffenheit und liebevoller Pflege.

Ein Cabernet Sauvignon beispielsweise kann je nach Herkunft, Lage, Jahrgang, Verarbeitung, Lagerung usw. unterschiedlich schmecken.

Es gibt Merkmale, die klar auf eine Rebsorte, ein Gebiet oder eine Verarbeitungstechnik hinweisen. Andere geben Fingerzeige, deuten Möglichkeiten an, lassen sich jedoch nicht eindeutig interpretieren.

Die folgenden Seiten mit vertieften Informationen zu jedem Weinmerkmal werden Sie auf die richtige Fährte führen.

Aussehen

Transparenz, Perlen, Oberfläche

Degustationstechnik
Die Transparenz und die Perlage beurteilen Sie am besten, indem Sie Ihr Glas gegen eine Lichtquelle halten.

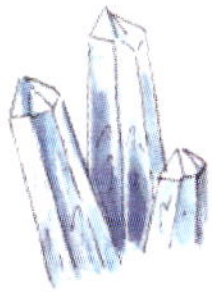

Transparenz, Klarheit

Ein qualitativ einwandfreier Wein ist klar oder funkelt sogar kristallartig.
Die Unterscheidung von Depot und Trübung ist wesentlich: Beim Depot sinken die Partikel nach einiger Zeit ab, bei der Trübung bleibt der Schleier bestehen.
Trübung weist auf aktive Bakterien infolge ungenügender Filterung oder zu warmer Lagerung hin.
Depot entsteht durch ausgeflockte Gerb- und Farbstoffe bei alten Weinen und hat keinen Einfluß auf die Qualität. Nach sorgfältigem Dekantieren ist der Wein wieder klar.

Perlage

Gute Qualität zeichnet sich durch nicht zu üppiges Schäumen sowie durch gleichmäßiges und anhaltendes Aufsteigen von feinen Perlschnüren aus.
Die Ursache einer nicht optimalen Schaumbildung kann in schlechtem Grundwein oder in mangelhafter Verarbeitung liegen.

Oberfläche

Der gesunde Wein hat eine spiegelnde Oberfläche.

Farbtönung und Farbtiefe

Degustationstechnik
Halten Sie Ihr Glas schräg in der Hand und betrachten Sie es von oben gegen ein weißes Tischtuch. Im Zentrum beurteilen Sie die Tönung, am Rand die Farbtiefe.

Farbtönung Weißwein

blasses Graugelb

Junge, eher einfache Weine.

blasses Gelbgrün

Junge, lebhafte Weine.
Knapp an der Grenze zur Traubenreife geerntet.
Aus kühleren Anbaugebieten.

Grüner Veltliner, Österreich
Riesling

helles Goldgelb

Die Farbe Gold ist ein Gelb mit Reflexen, der Wein strahlt Licht zurück.

goldgelb

Reife, konzentrierte und trockene Weißweine.
Weine mit Edelfäule präsentieren sich tiefgolden.

gelbbraun

Bei trockenen Weinen Hinweis auf Überalterung, ansonsten auf oxydativ ausgebaute Gewächse.

Sherry, Spanien
Madeira, Portugal
Tokajer, Ungarn

braun

Lebloser Wein.

Farbtönung Roséwein

gräulichrosa

Junge und einfache Weine, die nur kurz an der Maische gelegen haben.

Listel gris de gris

himbeerfarben

Junge und fruchtige Weine mit längerem Maischekontakt.

Cabernet Sauvignon
Sangiovese, Toskana

lachsfarben

Leicht gereifter Rosé.

Farbtönung Rotwein

Die Farbtönung liefert erste Hinweise auf Alter, Jahrgang, Traubensorte, Herkunft und Verarbeitungstechnik. In der Jugend ist der Wein kirschrot oder purpur, mit fortschreitendem Alter verschwindet der Blauanteil, und die Brauntöne werden intensiver. Einige Rebsorten wie *Merlot*, *Grenache*, *Nebbiolo* und *Sangiovese* weisen bereits nach 4 bis 5 Jahren einen bräunlichen Rand auf.

tintenfarben, kirschrot

Junge, konzentrierte Weine.

Cabernet Sauvignon
Syrah, Shiraz
Tannat
Nebbiolo

purpurrot

Meist junge, teilweise unreife Weine.
Die folgenden Rebsorten weisen zudem einen hohen Violettanteil auf:

Gamay
Dolcetto, Piemont

rubinrot

Geringer Gelbanteil.
Meist Rotweine auf dem Weg zur Reife.

granatrot

Zunehmender Gelbanteil.

ziegelrot

Ins Orangefarbene gehendes Rot.
Trinkreife Weine.

Rioja

kupferrot

Meist überreifer Wein.
Farbe stammt aus braun gewordenen Gerbstoffen.

Farbtiefe

Bei Weißweinen relativ unbedeutend.

dunkel, dicht, satt

Körper- und tanninreiche Weine aus reifen Trauben.

Cabernet Sauvignon
Syrah, Shiraz
Tannat
Zinfandel, Kalifornien

mittel

Pinot noir
Merlot
Grenache

schwach, blaß, zart

Körperarme Weine.
Mögliche Gründe: hoher Hektarertrag, kurzer Ausbau oder klimatisch schlechtes Jahr.

Geruch

Degustationstechnik

1. Halten Sie das Glas an die Nase und konzentrieren Sie sich auf den ersten, flüchtigen Eindruck. Beurteilen Sie Reintönigkeit, Intensität und Qualität. Erinnert Sie das Bukett an Blumen, Früchte, Holz oder andere feine oder unfeine Düfte? Erkennen Sie gar bereits einige der sehr feinen Aromen?

2. Schwenken Sie das Glas leicht und versuchen Sie, weitere Aromen zu erschnüffeln. Mehrmaliges, kurzes Schnuppern ist tiefem Einatmen vorzuziehen.

3. Kräftiges Schwenken kann noch weitere, schwerere Aromastoffe freisetzen.

4. Beschnuppern Sie unmittelbar nach dem letzten Schluck das leere Glas für den abschließenden Eindruck.

Reintönigkeit

Der Wein ist dann reintönig bzw. sehr sauber, wenn keine Fremdgerüche wie übermäßiges Holzaroma oder ähnliches das sortentypische Bukett beeinträchtigen.

Intensität

Bei einem vollentwickelten Wein weist Aromaarmut auf übermäßigen Ertrag oder neutrale Rebsorten hin.

Qualität

Weine aus zweitklassigen Rebsorten oder Gebieten sind an ihrem einfachen, oft sogar plumpen Bukett zu erkennen.

Aromen

Die einzelnen Aromen werden auf den nächsten Seiten ausführlich erläutert.

blumige Aromen

Akazie

Junger, frischer Weißwein.

Sauvignon, Bordeaux
Soave, Veneto

Weißdorn

Pinot noir, Burgund

Veilchen, Iris

Ein kräftiges, süßliches Aroma.

Sangiovese, Toskana
junger Nebbiolo, Piemont
Cabernet franc
Syrah, Shiraz
Blauer Portugieser, Österreich

Rose

In unbewegtem Glas wahrnehmbar.
Vorwiegend in alten Rotweinen anzutreffen.

Pinot noir
Grenache
Muskateller
Gewürztraminer

Geranium

Unangenehmes Aroma, verursacht durch Verwendung von Sorbinsäure beim biologischen Säureabbau.

Lindenblüte

Gereifter Weißwein.

Sémillon, Sauternes

fruchtige Aromen

Die Aromen gelber Früchte sind eher in Weißweinen, jene von roten Früchten in Rotweinen anzutreffen.

Beeren

Erdbeere

In vielen reifen und weichen Rotweinen feststellbar.

Gamay
Grignolino, Piemont
Portwein, Portugal
Banyul

Himbeere

Sehr häufig in jungen Rotweinen.

junger Pinot noir
Cabernet franc

Brombeere

Zinfandel, Kalifornien
Pinot noir, Burgund

Cassis

Der Duft der schwarzen Johannisbeere ist ein oft vorkommendes, eher unauffälliges Aroma.

Cabernet Sauvignon
Pinot noir
Syrah, Shiraz

Rote Johannisbeere

Pinot noir

Holunderbeere

Sangiovese, Toskana

Obst

Kirsche

Edles Aroma bei Rotweinen mit langer Haltbarkeit.

junger Nebbiolo, Piemont
Barbera, Piemont
junger Pinot noir
Sangiovese, Toskana
Blaufränkisch / Lemberger

Pflaume

In vielen großen Rotweinen vorhanden.

junger Nebbiolo, Piemont

Aprikose

Weine mit Edelfäule.

Sémillon, Sauternes

Pfirsich

Läßt auf Barrique-Ausbau schließen.

Riesling
Tocai, Friaul
Viognier, Côtes du Rhône
Sémillon, Sauternes
Spätlesen

Quitte

Wenn intensiv: erstes Anzeichen für Oxydation.

Birne

Chasselas
Chardonnay

Äpfel

Grüner Apfel

Riesling
junger Chardonnay

Golden Delicious

reifer Chardonnay, Burgund

Reinette

Pinot meunier, Champagne

überreifer Apfel

Zeichen für beginnende Oxydation.

Zitrusfrüchte

Zitrone

In unbewegtem Glas wahrnehmbar.
Bei tiefen Temperaturen gekelterte Weißweine mit frischer Säure.

junger Riesling
junger Sémillon

Grapefruit

Häufig anzutreffen in *australischem Chardonnay*, der *deutschen Scheurebe* sowie *älterem Riesling.*
Falls überwiegend: unreifes Traubengut.
Das Aroma kann bei offener Flasche verschwinden.

tropische Früchte

Ananas

Oft in jungen Weißweinen anzutreffen.

Chardonnay, Kalifornien

Banane

Gärung bei tiefen Temperaturen oder mittels Macération carbonique.
Eher in jungen Weinen anzutreffen.

Chardonnay
Gamay, Beaujolais

Mango

Gewürztraminer
Grauburgunder
Riesling-Spätlesen

Muskateller

Muskateller
Aleatico, Italien

getrocknete Früchte

Dörrpflaume

Anzeichen von Reife, allenfalls beginnender Oxydation.

Erdbeermarmelade

Sortentypisch für *Grenache*.
Ansonsten Anzeichen von Reife, allenfalls beginnender Oxydation.

Rosine

Wein aus heißer Region.

Feige

Wein aus überreifen Trauben bzw. Trauben mit leichter Edelfäule.
alter Portwein, Portugal

Haselnuß

Bei sehr guten Weißweinsorten.
Nimmt mit dem Alter zu.
Chardonnay
Weißburgunder
Vin jaune, Jura
Vin santo, Toskana
Sherry, Spanien
Madeira, Portugal

geröstete Mandel

Weißweinaroma.
Nimmt mit dem Alter zu.
Soave, Veneto
Sémillon, Sauternes
Spätlesen

vegetabile Aromen

erfrischend

Minze

Nur in unbewegtem Glas wahrnehmbar.

Cabernet Sauvignon
Cabernet franc
weiße Côtes du Rhône

Menthol

Läßt auf Holz- bzw. Barrique-Ausbau schließen.

Cabernet Sauvignon
Cabernet franc
weiße Côtes du Rhône

grasig

Eher schwache grasige Noten können sich mit der Zeit in Aromen wie Farn, Minze, Tee oder Heu umwandeln.

Gras

Man spricht auch von einer grünen Note.
Mögliche Ursachen: fehlerhafte Weinbereitung, unreifes Traubengut, mangelhaftes Entrappen oder zu starke Pressung.

Efeu

Sortentypisch für *Cabernet Sauvignon.*
Falls überwiegend: unreifes Traubengut oder zu hohe Hektarerträge.

grüner Paprika (schweiz.: Peperoni)

Sortentypisch für *Cabernet Sauvignon.*
Falls überwiegend: unreifes Traubengut oder zu hohe Hektarerträge.

Gemüse

Spargel

Sauvignon blanc

Kohl

Weist auf reduktiven Ausbau hin.
Falls Aroma nach dem Belüften nicht verschwindet, ist der Wein fehlerhaft.

Meerrettich

Weist auf reduktiven Ausbau hin.
Falls Aroma nach dem Belüften nicht verschwindet, ist der Wein fehlerhaft.

Zwiebel

Weist auf reduktiven Ausbau hin.
Falls Aroma nach dem Belüften nicht verschwindet, ist der Wein fehlerhaft.

erdig

Unterholz

Falls überwiegend: nicht einwandfreie Fässer oder unsaubere Keller.

Moos

Falls überwiegend: nicht einwandfreie Fässer oder unsaubere Keller.

feuchte Erde

Falls überwiegend: nicht einwandfreie Fässer oder unsaubere Keller.

Staub

Sortentypisch für *Cabernet franc.*
Falls überwiegend: nicht einwandfreie Fässer oder unsaubere Keller.

Pilz

Sortentypisch für *Merlot.*
Falls überwiegend und eher an Schimmelpilz erinnernd: nicht einwandfreie Fässer oder unsaubere Keller.

Champignon

Gereiftes Holzaroma.

Steinpilz

Sehr reifes Holzaroma.

trocken

Tee

Wein aus guter Lage auf dem Höhepunkt.

Heu

Sortentypisch für *Merlot.*
Vorübergehendes Aroma bei Rotweinen: verblassende Fruchtigkeit, beginnende Alterserscheinungen.

Gewürzaromen

Vanille

Sehr häufig vorkommendes Aroma.
Ausbau in neuen, kleinen Eichenholzfässern (Barriques).
Die amerikanische Eiche schmeckt süßer als die französische oder die slowenische.

Rioja, Spanien
Kalifornien

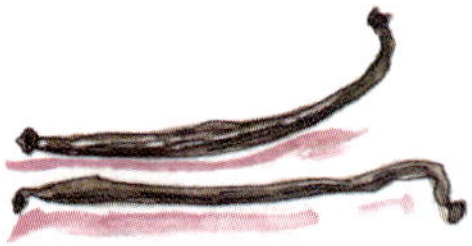

Lakritze, Süßholz

Nur schwach und hauptsächlich im Rückgeruch erkennbar.
Holz- bzw. Barrique-Ausbau.
Manchmal auch auf unvollständiges Entrappen der Trauben zurückzuführen.

Grenache, Châteauneuf-du-Pape
Bordeaux
Beaujolais
Toskana

Anis, Fenchel

Grenache, Châteauneuf-du-Pape

Ingwer

Mit Pfeffer verwandt, aber aufdringlicher.
Holz- bzw. Barrique-Ausbau.

Grenache, Châteauneuf-du-Pape

Zimt

In Weißweinen.
Holz- bzw. Barrique-Ausbau.
Manchmal auch auf unvollständiges Entrappen der Trauben zurückzuführen.

Elsaß

Gewürznelke

Holz- bzw. Barrique-Ausbau.
Manchmal auch auf unvollständiges Entrappen der Trauben zurückzuführen.

Châteauneuf-du-Pape
Spanien

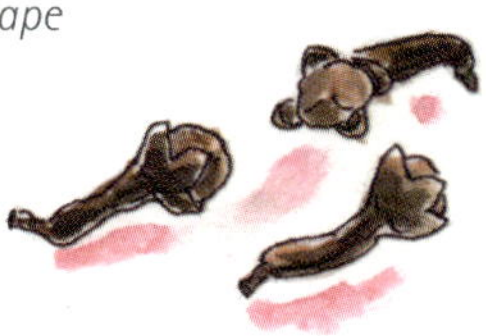

Trüffel

In großen Rotweinen nach mehreren Jahren Lagerung.
In Weißweinen weniger häufig.

Merlot, Pomerol
Nebbiolo, Piemont
Chardonnay, Burgund

Pfeffer

Mögliche Ursachen sind: Jahrgangserscheinung, Rebsorteneigenart, Gebietscharakter oder auch Bodenbeschaffenheit (z. B. Schieferboden).

Cabernet franc
Syrah, Shiraz
Grüner Veltliner, Österreich
Rioja
Piemont

Lorbeer

Châteauneuf-du-Pape
Penedés

Muskatnuß

Müller-Thurgau
Riesling X Sylvaner

Holzaromen

feuchtes Holz, Moder

Mangelnder Unterhalt oder schlechte Faßqualität.

frisches Holz

Eiche

Weist auf Ausbau in Eichenholzfässern hin und ist deshalb in vielen Weinen anzutreffen.
Amerikanische Eiche hat einen süßlichen Vanilleduft, während die französische oder slowenische Eiche weniger süß wirkt. Anstelle des intensiven Vanillearomas wird bei den europäischen Eichen ein Holzduft wahrgenommen.

Italien
Frankreich

Zeder

Erinnert an das Holz einer Zigarrenschachtel.
Gereifte Weine, die in Barriques aus französischer Eiche ausgebaut wurden.

Cabernet Sauvignon, Bordeaux

Kastanie

Ausbau in Kastanienfässern.

Piemont

Röstaromen

Rauch

Rotweinaroma, welches mit Barrique-Ausbau oder bestimmten Gebieten und deren Bodenbeschaffenheit in Verbindung gebracht wird.
Beim Barrique-Ausbau entsteht es durch Fässer, welche bei ihrer Herstellung überdurchschnittlich erhitzt worden sind.

Pinot noir
Syrah, Shiraz
Graves
Nebbiolo, Piemont
Brunello, Toskana

Tabak

In unbewegtem Glas wahrnehmbar.
Barrique-Ausbau.
Große Weine aus guten Jahren, für lange Lagerung geeignet.

Kaffee

In unbewegtem Glas wahrnehmbar.
Reifer und großer Rotwein, aber auch Duft eines jungen, im Barrique ausgebauten Weins.

Burgund

Kakao

Reifer und großer Rotwein.

Merlot

Karamel

Sortentypisch für *jungen Chardonnay* und *Tokajer aus Ungarn.*
Falls überwiegend oder sogar zusammen mit Dörrpflaume einziges Aroma: Wein an der Grenze des Zerfalls.

Toastbrot

Starke Sonneneinstrahlung im Sommer.
Holz wurde bei der Faßherstellung stärker erhitzt.
Weißweinaroma.

Trebbiano, Toskana

verbranntes Holz

Mangelhafter Holzfaßausbau.

balsamische Noten

Ruß

Erinnert auch an Holzteer in alten Kaminen.
Typischer Geruch des *reifen Pinot noir.* Als feines Aroma tritt es bei Weinen aus *Burgund* in Erscheinung. Ausgeprägter ist es bei Gewächsen aus dem *Wallis*, aus *Kalifornien* oder *Südafrika.*

Petrol

In reifen Gewächsen und Weinen aus edelfaulen Trauben anzutreffen.

reifer Riesling
Sémillon, Sauternes
div. Spätlesen

Teer

Sehr körperreiche Weine eines großen Jahrgangs.

Nebbiolo, Piemont
Brunello, Toskana

Harz

Barrique-Ausbau.
In alten Weinen anzutreffen.

Retsina, Griechenland

Fichte

Barrique-Ausbau. In alten Weinen anzutreffen.

Kiefer, Terpentin

Strenges, edles Aroma.
Oft bei Sandböden.
Weißweinaroma nach Ausbau in Holzfässern.

Médoc

Wachs

Reife Weißweine.

Sémillon, Bordeaux
Chenin blanc

Honig

Edle Weißweine in fortgeschrittenem Alter.
Weine mit Edelfäule.

Gewürztraminer
Chardonnay, Burgund
Sémillon, Sauternes und Barsac

tierische Noten

Leder

In kleinen Mengen in allen großen, gereiften Rotweinen.
Stark ausgeprägt ist dieses Aroma in gerbstoffreichen Rotweinen, die lange auf der Hefe gelegen haben.
Lederaroma entsteht bei der Verbindung von Gerbstoffen mit Hefe.

Cabernet Sauvignon

Moschus

In kleinen Mengen in allen großen, gereiften Weinen.

Gewürztraminer
Viognier, Côtes du Rhône

Wild

In kleinen Mengen in allen großen, gereiften Rotweinen.
Stärker ausgeprägt ist dieses Aroma in gerbstoffarmen Rotweinen, die den Geruch der Hefe in sich aufgenommen haben.

Stallgeruch

In vollreifen, alten Weinen.
Falls überwiegend: unsauberer Ausbau oder ungenügendes Abstechen.

Schweiß

Sortentypisch für *Shiraz aus Australien.*
Falls überwiegend: unsauberer Ausbau oder ungenügendes Abstechen.

Foxton

Fremdartiger Geschmack von Weinen aus unveredelten Reben (Direktträger/Hybriden).

Americano

chemische und andere Noten

Wirken meist stechend in der Nase.

saure Bonbons

Bei tiefen Temperaturen gekelterte Weißweine.
Aroma verschwindet nach 1 bis 2 Jahren.

Butter

Sortentypisch für *Chardonnay* und *Merlot*.
Entsteht während der Milchsäuregärung (biologischer Säureabbau) und nimmt mit dem Alter ab.

Sauermilch

Veränderung des Weins durch Milchsäurebakterien.
Probleme beim biologischen Säureabbau.

Essig

Bakterielle Erkrankung des Weins durch zuviel Luftkontakt.
Sticht in der Nase und ist scharf am Gaumen.

Hefe

Bei «Sur-lie»-Weinen wie *Muscadet*, die ohne Schönen/Filtrieren direkt in die Flasche abgefüllt worden sind.
Ein starker Hefeton wird bei anderen Weinen als Fehler betrachtet.

nasse Wolle

Sortentypisch für *Chenin blanc* aus der *Loire*.
Falls überwiegend: schlecht gereinigte Tanks, mangelndes Umpumpen, reduktive Tendenz.

faule Eier, Böckser

Fehler bei fertigen Weinen.
Tritt aber auch bei sehr alten Weißweinen infolge Reduktion auf.
Bei nur leichtem Fehlgeruch kann mehrmaliges Umschütten in eine Karaffe hilfreich sein.

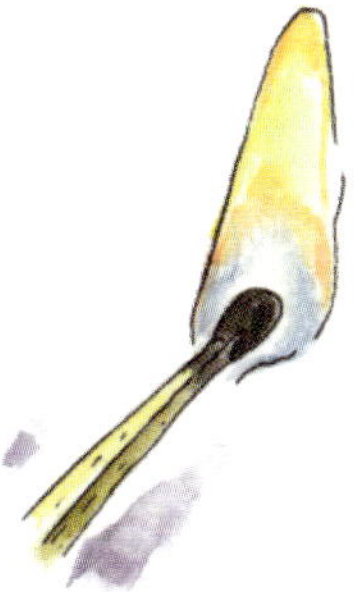

Schwefel

Riecht wie ein soeben entfachtes Streichholz.
Reduktionsaroma oder unsauberer Ausbau.

Nagellackentferner

Erinnert auch an Lösungsmittel. Die chemische Bezeichnung ist Äthylacetat. Wird verursacht durch die Einwirkung von Essigbakterien bei fehlerhafter Weinbereitung.

Jod

Bodenbeschaffenheit.
Typisch bei Weinen aus *Châteauneuf-du-Pape* und *Graves.*
Falls überwiegend: Fehler infolge Verarbeitung fauler Trauben.

Korken

Oft erst im Rückgeruch erkennbar.
Korken von schlechter Qualität als Folge bakterieller Veränderung.

Geschmack

Degustationstechnik
Am Gaumen bestätigen sich meistens die Eindrücke des Auges und der Nase.
Nehmen Sie einen rechten Schluck, und lassen Sie den Wein über die Zunge rollen. Kauen des Weins sowie zusätzliches Schlürfen intensivieren die Empfindungen und sind nicht nur erlaubt, sondern empfehlenswert!

erster Eindruck

Fällen Sie spontan Ihr Urteil.

Süßkomplex

Süße

Degustationstechnik
Die Süße ist während der ersten paar Sekunden an der Zungenspitze wahrnehmbar.

Die Süße wird vorwiegend bei Weißweinen beurteilt.
Aber auch der rote Pinot noir beispielsweise vermittelt einen süßlichen Eindruck, obwohl er trocken ist.

brut

Man spricht auch von «knochentrocken».
Der ganze Zuckergehalt der Traube hat sich bei der Gärung in Alkohol umgewandelt.

trocken

Durchgegorener Wein mit geringem Restzuckergehalt.

mild

Milde Süße weist auf noch vorhandenen Restzucker oder auf reichlich Alkohol hin.
Restzucker wird vorwiegend in Weißweinen aus heißen Ländern und guten Jahrgängen angetroffen.

süß

Dessertweine aus überreifem Traubengut mit hohem natürlichem Zuckergehalt.
Bei der Gärung wird der hohe Zuckeranteil der Traube nicht vollständig in Alkohol umgewandelt. Die vollständige Umwandlung des Zuckers in Alkohol kann aber auch durch Alkoholzugabe verhindert werden.

Sauternes, Bordeaux
Trockenbeerenauslesen
Vin santo, Toskana
Sherry, Spanien
Portwein, Portugal

klebrig

Süßwein mit zuwenig Säure.
Hochwertiger Dessertwein verfügt über genügend Säure und wirkt deshalb nie klebrig.

Alkohol

Degustationstechnik
Normaler Alkoholgehalt wird als Süße oder Vollmundigkeit/Körper wahrgenommen. Übermäßiger Alkoholgehalt wirkt am Gaumen warm oder gar brennend.

leicht

Unreifes Traubengut aus schwachen Jahrgängen.

ausreichend

warm, kräftig

Weine aus heißen Regionen und guten Jahrgängen.
Auch übermäßige künstliche Aufzuckerung kann Ursache sein.

Nebbiolo, Piemont
Grenache, Châteauneuf-du-Pape

brennend, alkoholisch

Aufgezuckerte oder mit Alkohol angereicherte Weine.

Portwein, Portugal

Körper

Degustationstechnik
Als Körper wird das «Gewicht» des Weins auf der Zunge bezeichnet.

fett, fleischig

Reichhaltiger, schwerer Wein mit genügend Alkohol und reichlich Extraktstoffen. Diese stammen aus reifem Traubengut und sind ein Zeichen guter Qualität.

körperreich

Wein mit deutlich wahrnehmbaren Extraktstoffen.

rund

Ausgewogener, angenehmer Körper.

dünn, mager

Mäßiger, wäßriger Wein ohne Körper.
Verursacht durch hohe Hektarerträge oder durch klimatisch schlechte Bedingungen.

Säurekomplex

Kohlensäure

Degustationstechnik
Das Prickeln der Kohlensäure wird kurz an der Zungenspitze wahrgenommen.

prickelnd, spritzig

Betonte, erfrischend wirkende Kohlensäure, die den Wein jünger erscheinen läßt.
Läßt den Wein jünger erscheinen.
Im Glas bildet sich auf der Oberfläche ein Schleier feiner Bläschen.

Säure

Degustationstechnik

Die Säure wird als stechend empfunden und regt den Speichelfluß an. Sie ist vorwiegend an den Zungenrändern und an den inneren Wangenschleimhäuten wahrnehmbar.

sauer, beißend

Unangenehme Säure infolge unreifen Traubenguts bzw. mangelnden Zucker- oder Alkoholgehalts.

nervig

Säurebetonter Wein.
Nervige Weine können, falls sie zugleich körperreich sind und genügend Gerbstoffe aufweisen, lange gelagert werden.

Riesling
Chenin blanc, Loire
Syrah, Shiraz
Nebbiolo, Piemont
Barbera, Piemont

frisch, lebhaft

Angenehmer Säuregehalt eines jugendlich wirkenden Weins.

geschmeidig

Bei reifenden Weinen sehr harmonisch wirkender Säuregehalt.

Pinot blanc
Grenache

flach

Die fehlende Säure führt zu geschmacksarmen, langweiligen Weinen mit kurzem Abgang.

Gerbstoffe

Degustationstechnik
Gerbstoffe/Tannine verursachen auf den Schleimhäuten einen rauhen, trocknenden Eindruck.

Aggressivität

hart, präsent

Gerbstoffe, die sehr präsent, manchmal sogar aggressiv wirken.

Cabernet Sauvignon
Syrah, Châteauneuf- du-Pape
Nebbiolo, Piemont
Sangiovese, Toskana

weich

Gerbstoffe ohne aggressive Reaktion.

Gamay
Merlot
Grenache
Dolcetto, Piemont

Adstringenz

grob

Grobe Tannine bleiben auf den Schleimhäuten lange haften. Mögliche Ursachen sind zu starke Pressung, unreifes Traubengut, ein schwieriger Jahrgang oder überkelterte Weine mit zu hoher Extraktion.

feinkörnig

Gerbstoffe bleiben in der Mundhöhle weniger lange haften und werden als feiner empfunden.
Optimal reife Tannine.

Abgang, Nachgeschmack

Dominanz

Bei einem optimal ausgebauten Wein ist keine der Komponenten dominierend.

Bitterkeit

Macht sich am hinteren Zungenrand und beim Abgang bemerkbar.
Sortentypisch für *reifen Pinot noir* und Weine aus der *Nebbiolo*-Traube.
Falls überwiegend: unsaubere Fässer, faules Lesegut oder zu starke Pressung bzw. mitgepreßte/mitgegorene Kämme, Traubenkerne oder Beerenhäute.

Gerbstoffe

Siehe Seite 42.

Alkohol

Sortentypisch bei *Portweinen* und *Grenache* im *Châteauneuf-du-Pape*.
Siehe Seite 38.

Säure

Siehe Seite 41.

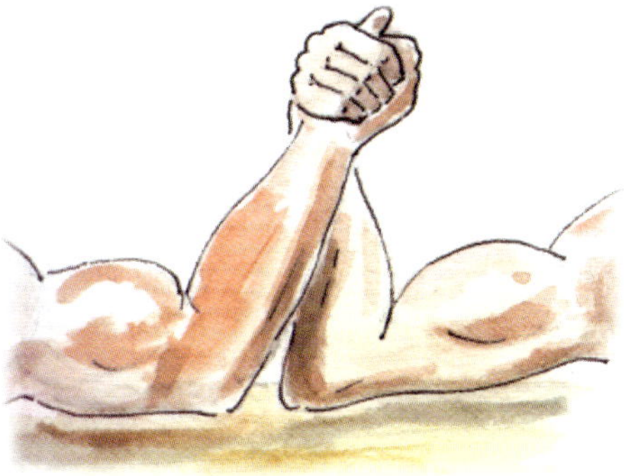

Länge

Degustationstechnik
«Kauen» Sie den Wein nach dem Schlucken weiter, und beachten Sie die geschmackliche Nachwirkung und die Veränderung des Speichelflusses.
Die Länge wird bis zu jenem Zeitpunkt gemessen, da sich die anhaltende Wirkung des Aromas abschwächt und sich der Speichelfluß normalisiert.

Eine entscheidende Rolle für die Länge des Weins spielen nicht nur die Gerbstoffe und die Süße, sondern auch der richtige Säuregehalt.

lang

Dauer: 7 bis 15 Sekunden.
Spitzenweine mit optimaler Struktur.

mittel

Dauer: 4 bis 7 Sekunden.
Alltagsweine.

kurz

Dauer: 1 bis 4 Sekunden.
Leichte, teilweise minderwertige Weine.

Rückgeruch

In der Regel bestätigen sich die bereits in der Nase entdeckten Aromen auch im Rückgeruch.

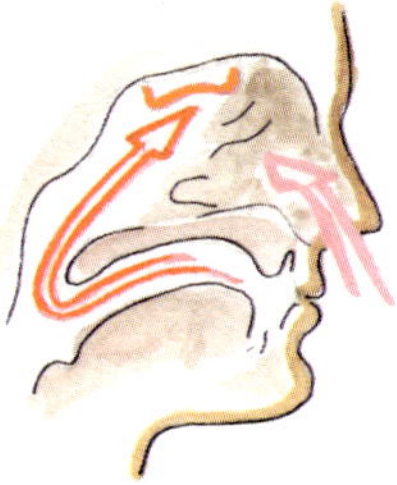

Harmonie

Degustationstechnik
Die Eindrücke der Nase und des Gaumens werden zu einem Gesamtbild zusammengefaßt.

harmonisch, ausgewogen

Alle Geschmacks- und Geruchskomponenten sind in schöner Harmonie.

Körper fehlt

Der Wein verfügt über einen zu geringen Alkohol-/Extraktgehalt, verglichen mit den übrigen Komponenten.

zu viel/zu wenig Säure

Der Wein hat zu viel oder zu wenig Säure im Vergleich zu den übrigen Komponenten.

alkoholisch

Der hohe Alkoholgehalt wird durch die übrigen Komponenten nicht ausgeglichen.

Charakter

Lassen Sie Ihrer Phantasie freien Lauf und beschreiben Sie den Charakter des Weins in Ihren eigenen Worten oder mit Hilfe der vorgeschlagenen Begriffe.

rustikal

Rauher, nicht sehr harmonischer Wein. Meist Übermaß an Säure und Tannin.

wuchtig, kräftig

Schwerer, voller Wein mit relativ hohem Alkoholgehalt.

rauh

Gerbstoffreicher, unfreundlicher Wein.

charakterarm

Kommentar überflüssig! Dieser Begriff charakterisiert viele Massenweine.

erfreulich

Könnte besser sein.

elegant

Stilvoller Wein von guter Qualität.

charmant, fein, vorzüglich ...

Fassen Sie Mut und entwickeln Sie Ihr eigenes Sprachvermögen!

III Jahrgänge

Jahrgangstabellen geben Hinweise zur Lagerdauer eines Weins.

Die Qualität eines Weins darf auf keinen Fall allein aufgrund des Jahrgangs bewertet werden. Selbst in klimatisch guten Jahren gelingt es nicht allen Weinbauern, hochwertige Weine zu produzieren – während gewissenhafte Winzer auch unter schwierigen Bedingungen überdurchschnittliche Tropfen keltern.

Aufschluß über die Trinkreife gibt allein die Degustation.

Für die glücklichen Weinliebhaber, die langlebige Gewächse wie Spätlesen oder große Châteaux im Keller lagern, werden auf den folgenden Seiten auch Jahrgänge aufgeführt, die eigentlich schon getrunken sein sollten.

Die Jahrgänge werden mit folgenden Zahlen qualifiziert:

1: schlechter Jahrgang (nicht zum Einlagern bestimmt)
2: mittlerer Jahrgang
3: guter Jahrgang
4: sehr guter Jahrgang
5: ausgezeichneter Jahrgang (längste Lagerdauer).

Deutschland

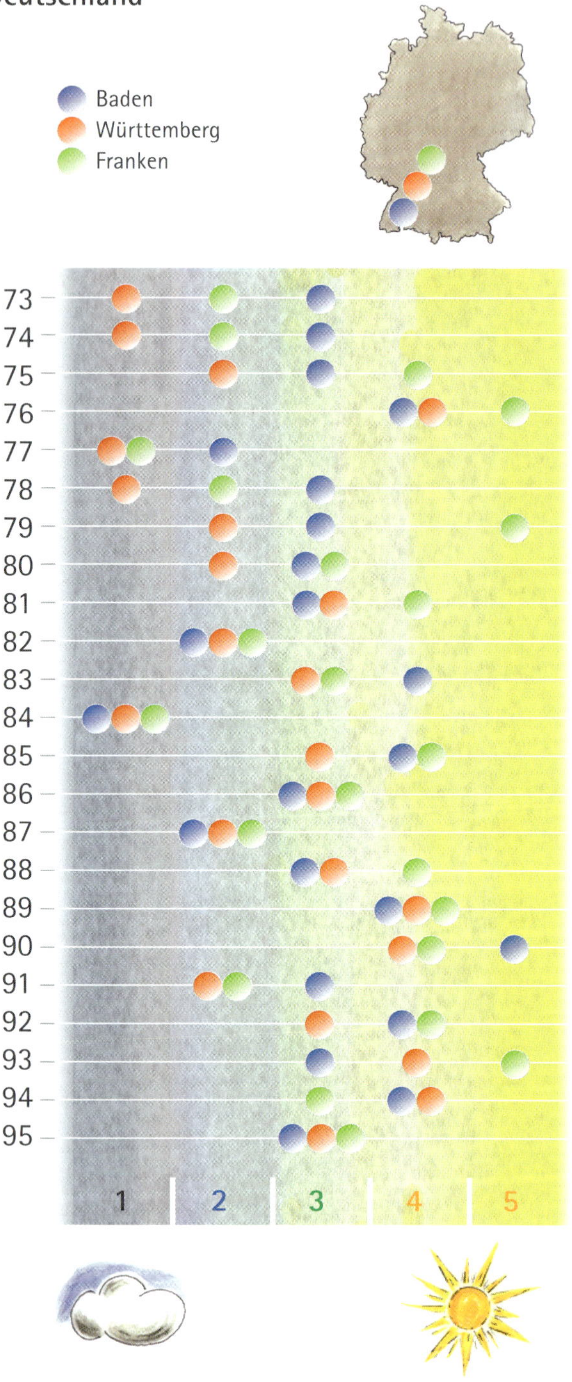

Deutschland

Mosel-Saar-Ruwer
Nahe
Rheingau, Rheinhessen
Pfalz

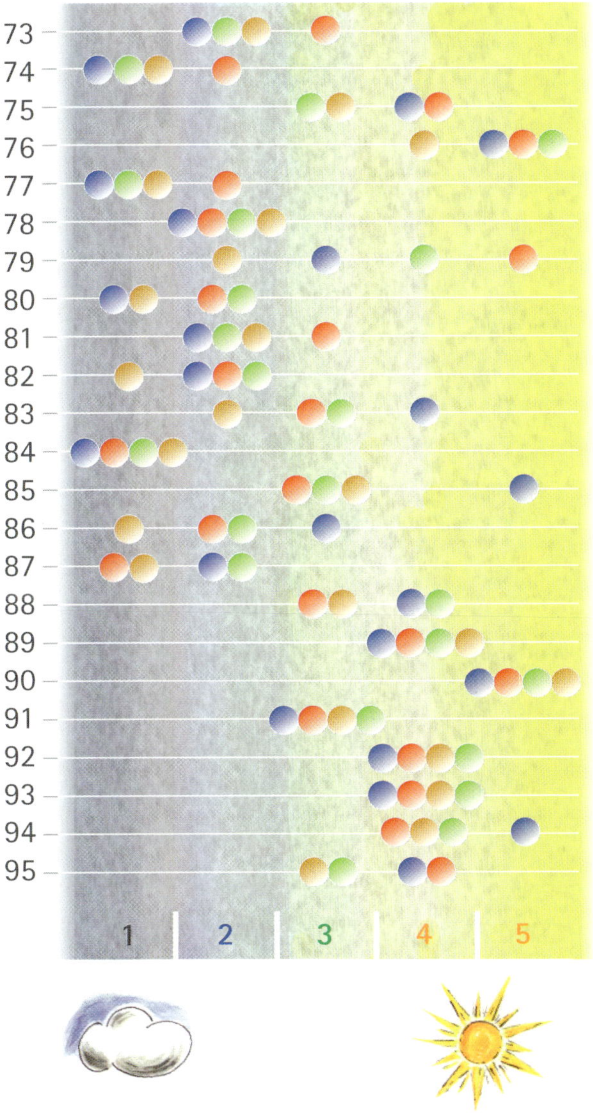

Schweiz

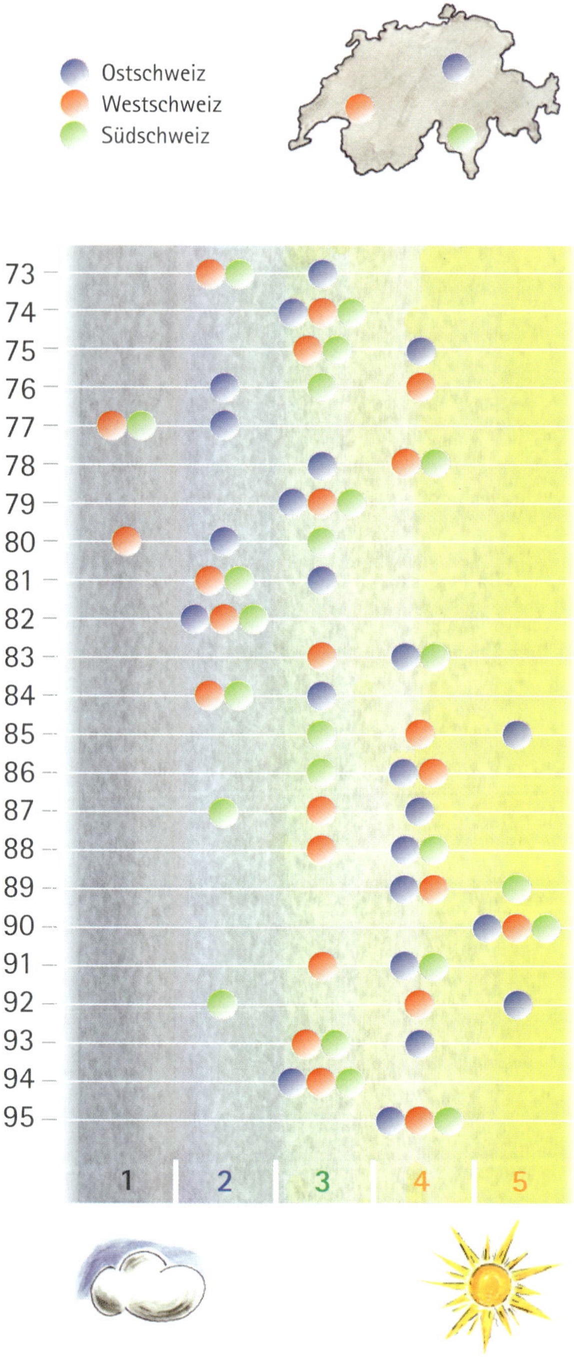
Ostschweiz
Westschweiz
Südschweiz
73
74
75
76
77
78
79
80
81
82
83
84
85
86
87
88
89
90
91
92
93
94
95
1
2
3
4
5

Österreich

Burgenland
Wachau
Weinviertel
Steiermark

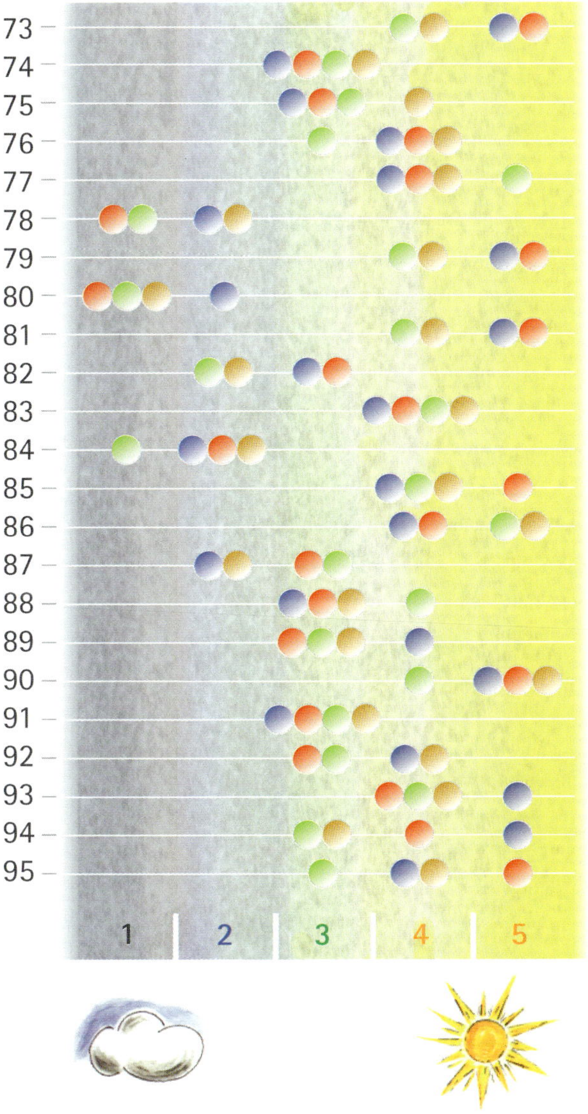
73
74
75
76
77
78
79
80
81
82
83
84
85
86
87
88
89
90
91
92
93
94
95
1
2
3
4
5

Frankreich

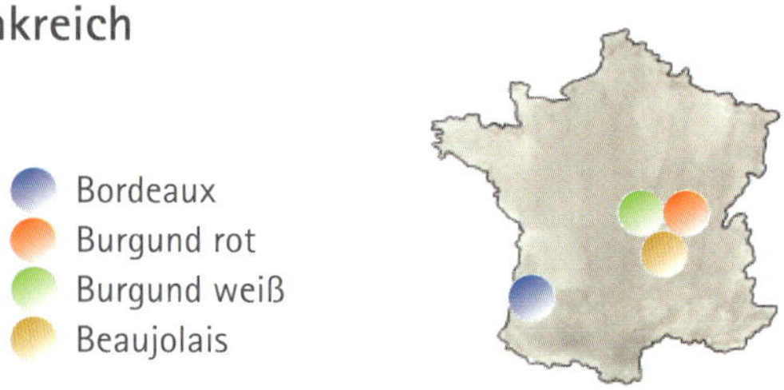
Bordeaux
Burgund rot
Burgund weiß
Beaujolais

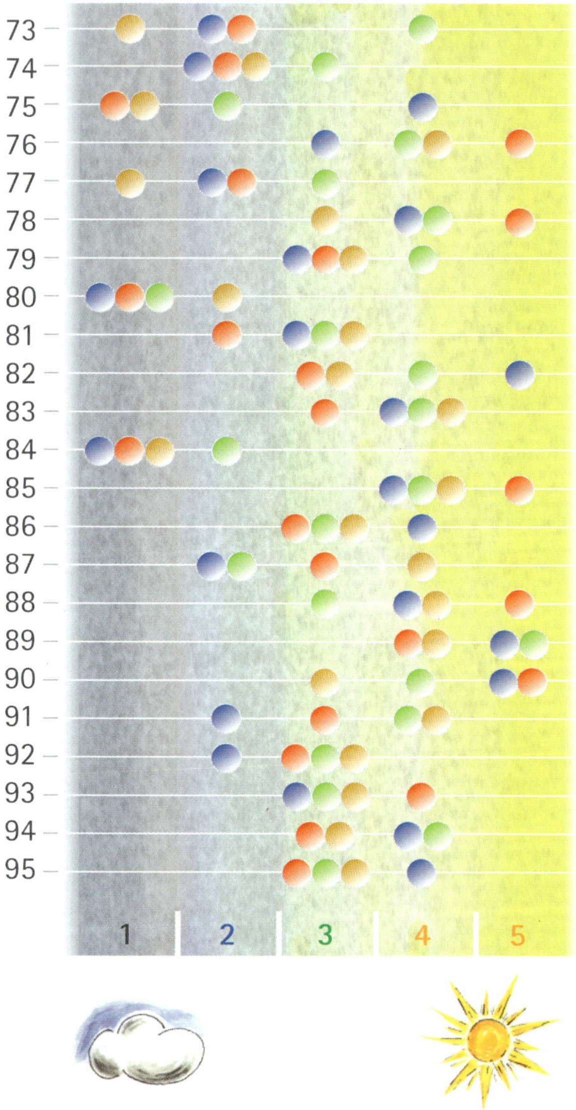
73
74
75
76
77
78
79
80
81
82
83
84
85
86
87
88
89
90
91
92
93
94
95
1
2
3
4
5

Frankreich

Champagne
Elsaß
Côtes du Rhône
Loire

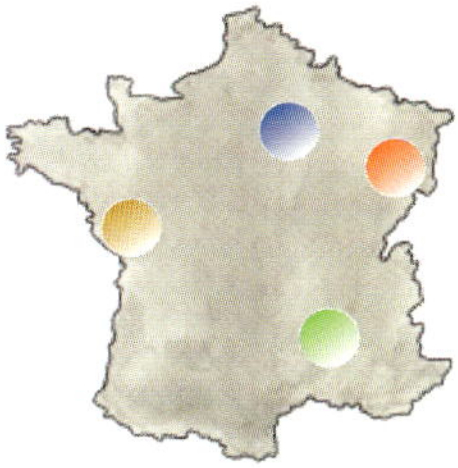

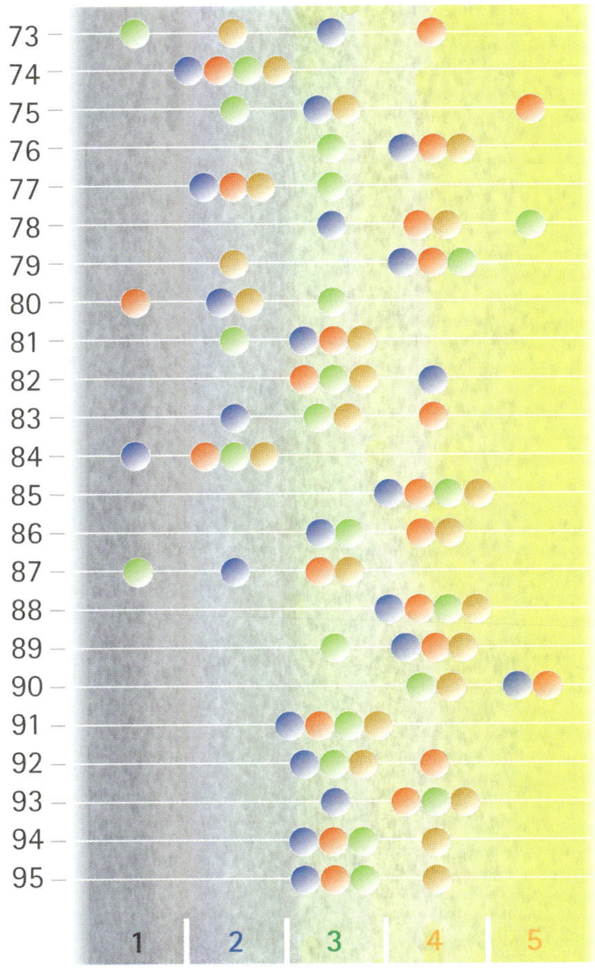

Italien

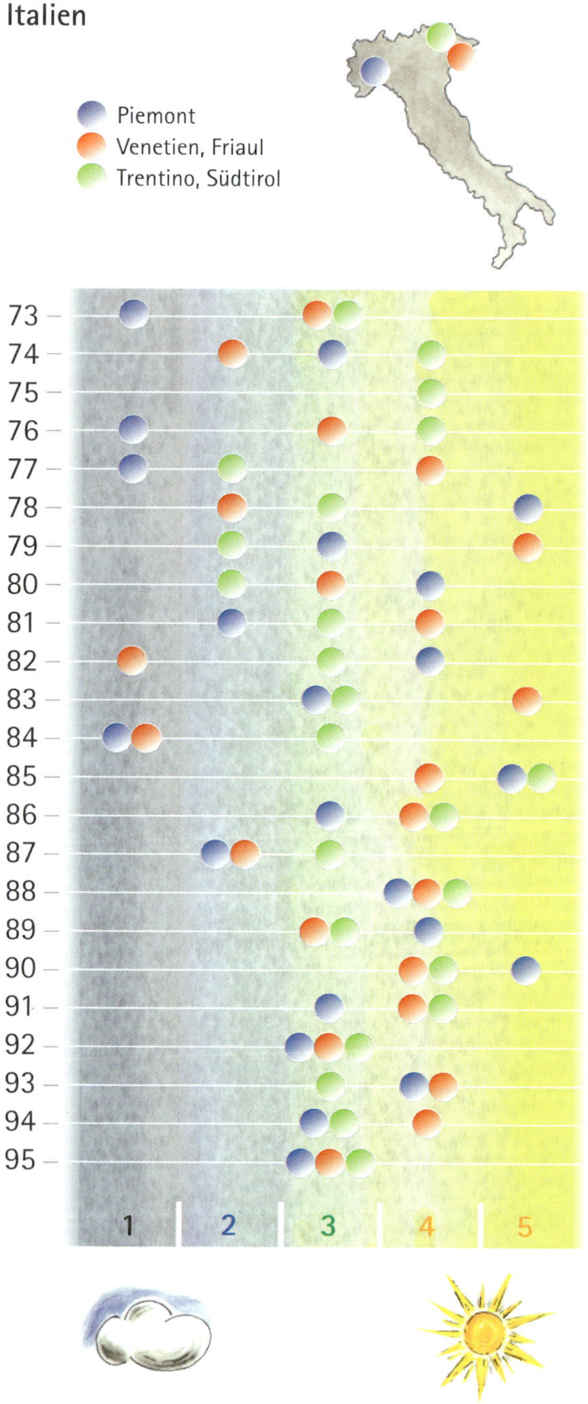
Piemont
Venetien, Friaul
Trentino, Südtirol
73
74
75
76
77
78
79
80
81
82
83
84
85
86
87
88
89
90
91
92
93
94
95
1
2
3
4
5

Italien

Chianti Classico
Brunello
Umbrien

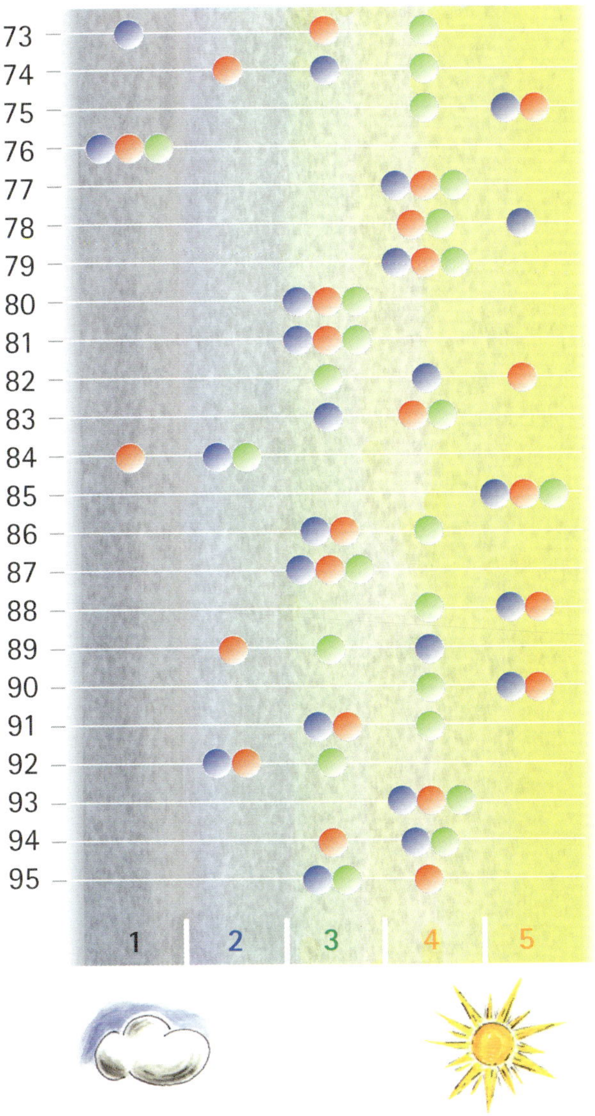

Spanien

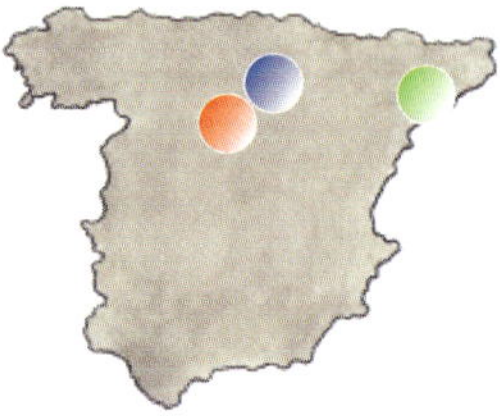

- Rioja
- Ribera del Duero
- Penedés

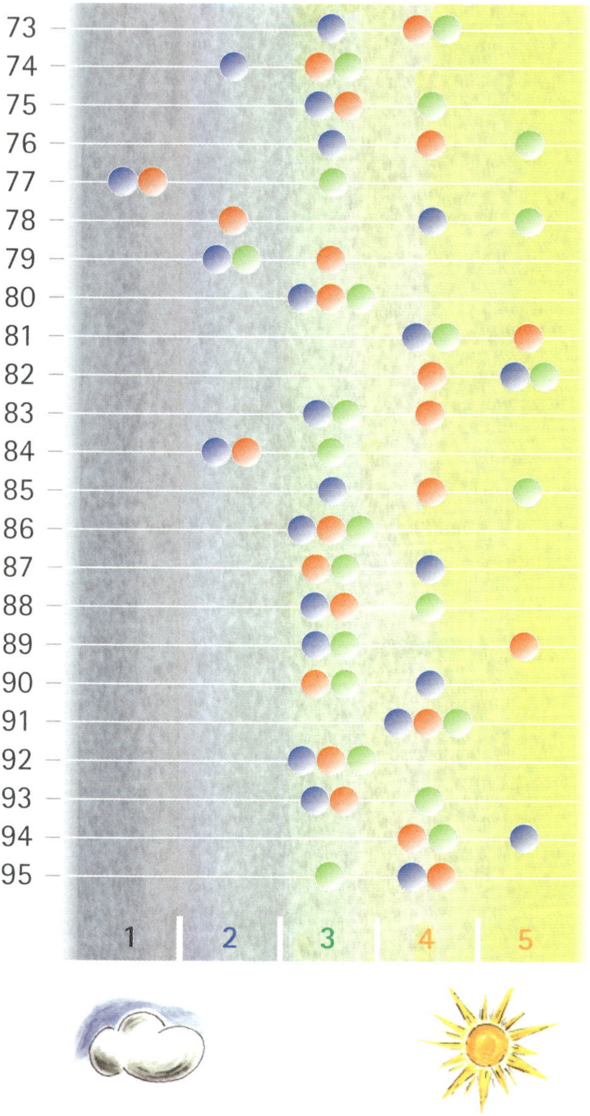

Portugal

Douro
Dão
Bairrada

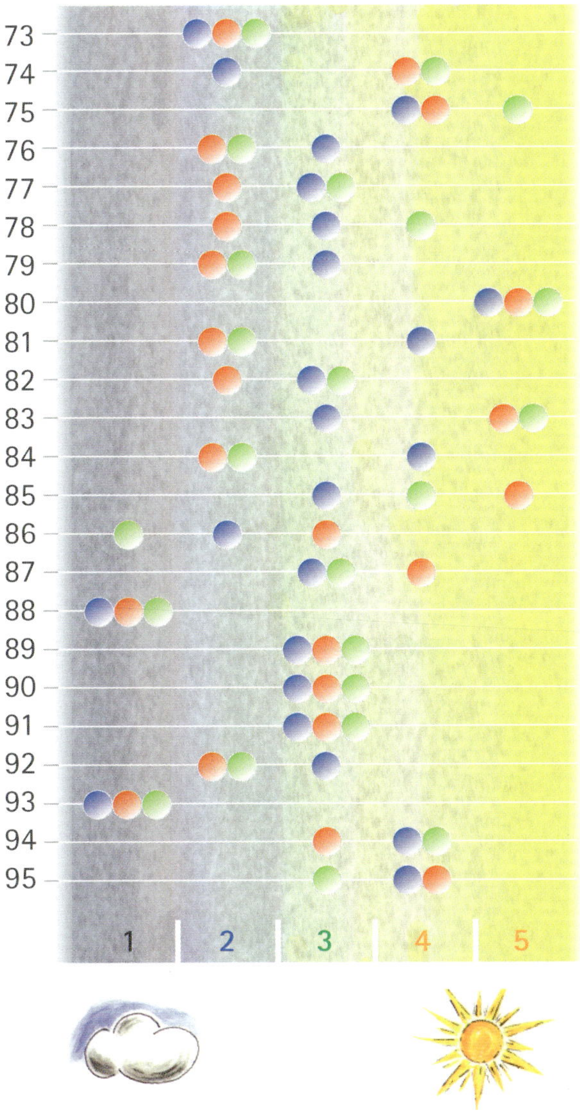
73
74
75
76
77
78
79
80
81
82
83
84
85
86
87
88
89
90
91
92
93
94
95
1
2
3
4
5

Übersee

Kalifornien
Argentinien
Chile

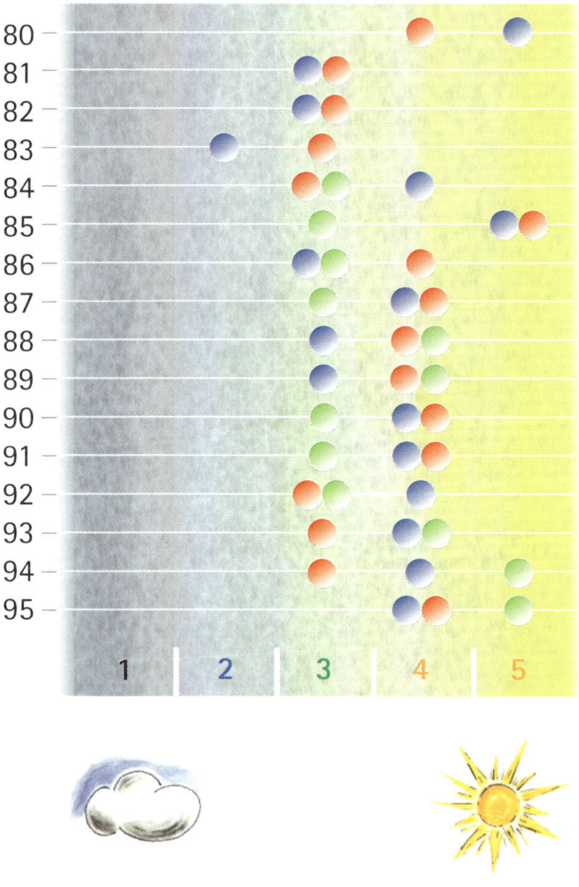

Übersee

Australien
Neuseeland
Südafrika

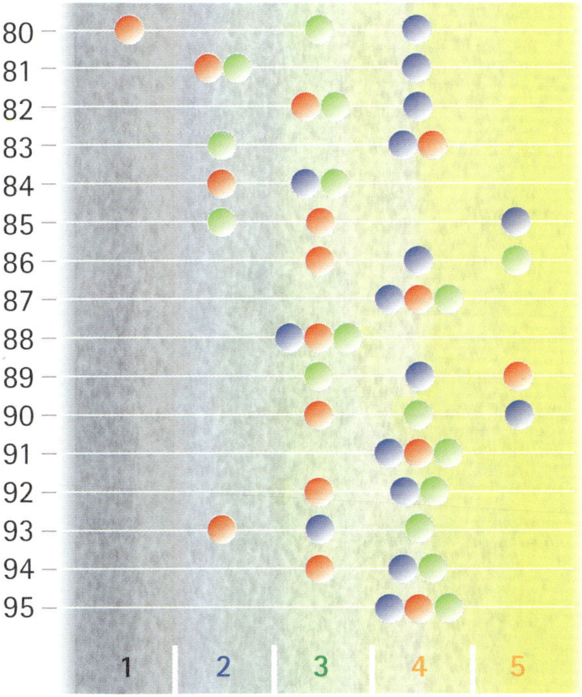

IV Temperatur

Die Trinktemperatur hat großen Einfluß auf die Harmonie eines Weins. So wirken beispielsweise säurereiche Tropfen weniger aggressiv, wenn sie etwas wärmer getrunken werden.

Die nachfolgende Darstellung zeigt auf, bei welchen Temperaturen welche Weine genossen werden sollten.

Da sich der Wein im Glas sehr schnell erwärmt, wird er mit Vorteil 1 bis 2 Grad kühler serviert.

empfohlene Trinktemperaturen

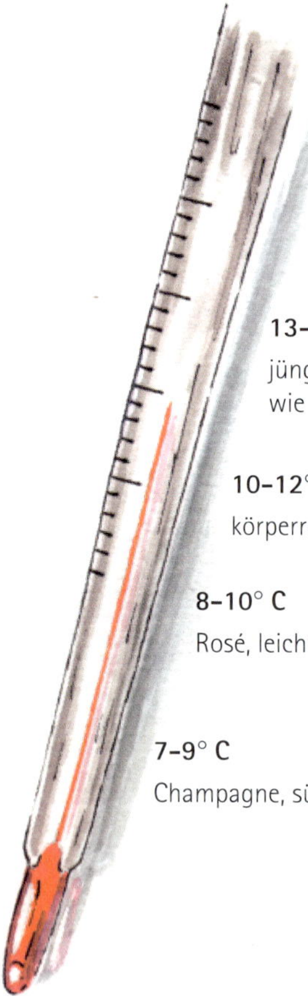

16–18° C

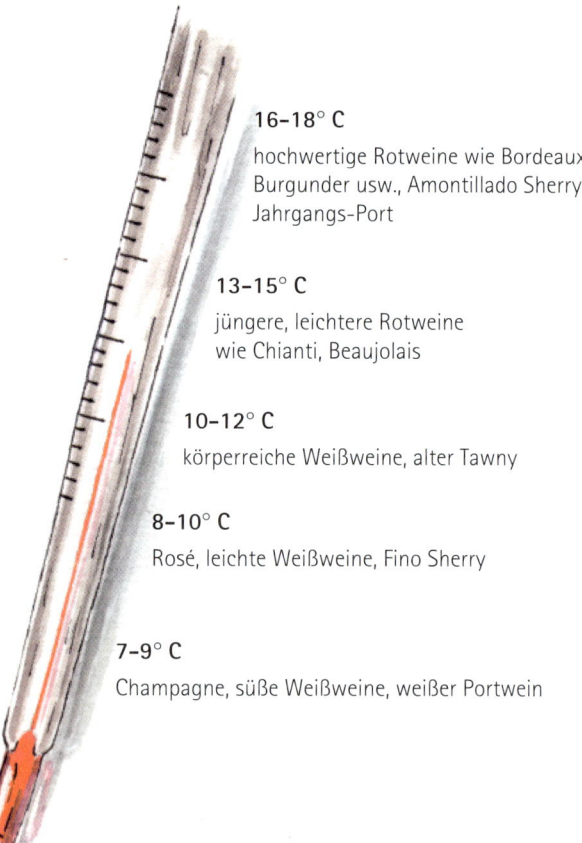

hochwertige Rotweine wie Bordeaux, Burgunder usw., Amontillado Sherry, Jahrgangs-Port

13–15° C

jüngere, leichtere Rotweine wie Chianti, Beaujolais

10–12° C

körperreiche Weißweine, alter Tawny

8–10° C

Rosé, leichte Weißweine, Fino Sherry

7–9° C

Champagne, süße Weißweine, weißer Portwein

Wirkt ein Wein säuerlich, zu alkoholisch oder unharmonisch, dann verändern Sie ruhig einmal seine Temperatur. Mit etwas Glück und Übung schaffen Sie es bestimmt, ihn mundgerechter zu machen!

	Temperatur ↑	Temperatur ↓
Süße	stärker	schwächer
Alkohol	stärker	schwächer
Bitterkeit	stärker	schwächer
Kohlensäure	schwächer	stärker
Säure	schwächer	stärker
Gerbstoffe	schwächer	stärker
Aromenentwicklung	stärker	schwächer

Abkühlen und Aufwärmen des Weins

Die folgende Tabelle zeigt die ungefähre Zeit in Minuten, die zum Aufwärmen oder Abkühlen einer vollen 7,5-dl-Flasche benötigt wird.

Trink-temperatur	**Kellertemperatur**					
	12	14	16	18	20	°C
18° C:	120	90	60		10	min
16° C:	70	40		20	40	min
14° C:	30		30	50	60	min
12° C:		40	60	80	100	min
10° C:	50	80	110	130	150	min
8° C:	120	150	180	200	220	min

● Aufwärmzeit bei 22° C Zimmertemperatur
● Abkühlzeit bei 5° C Kühlschranktemperatur

Als Faustregel gilt: rund 2° C Abkühlung/Aufwärmung pro 30 Minuten.

V Harmonie von Wein und Essen

Ein Wein kann mit einem Gericht wunderbar harmonieren und zu einer anderen Speise wiederum gar nicht passen. Weinwissen und individuelle Erfahrungen machen auch dieses gefährliche Terrain wieder trittsicher.

Die Übungen 1 bis 3 werden in Ihrem Gaumen unterschiedliche Reaktionen hervorrufen.

Betrachten Sie dazu die Abbildung auf der rechten Seite und gehen Sie auf Entdeckungsreise:

1.

Erleben Sie im «Einmal-und-nie-wieder-Versuch», wie Wein und Essen sich gegenseitig abstoßen können.

Beispiele:
- ein junger, säurebetonter Riesling mit Salatsauce
- alkoholreicher Portwein mit einem scharf-gewürzten asiatischen Gericht

2.

Genießen Sie jene Gerichte, die harmonisch mit dem degustierten Wein verschmelzen.

Beispiele:
- gerbstoff- und körperreicher Bordeaux mit kräftigem Rindfleischgericht
- säurearmer Weißwein mit leicht salzigem Aperitifgebäck

3.

Überschreiten Sie die angestammten Grenzen!
Grundsätzlich gehören leichte Weine zu leichten Speisen und schwere Weine zu schweren Gerichten. Bekanntlich ziehen sich jedoch auch Gegensätze an!

Beispiele:
- alkoholreicher, süßer Portwein und scharfer Blauschimmelkäse
- süßlicher Moscato und Erdbeertorte

	Süße	
leicht salzig / leicht süß	trockene Weine	
süß / salzig / bitter*	süße Weine	
	Alkohol	
fettreich	alkoholreiche Weine	stark gewürzt
	Körper	
kräftig im Geschmack	körperreiche Weine	
	Säure	
fettreich / bitter*	säurereiche Weine	säurereich / salzig
salzig / stark gewürzt	säurearme Weine	
	Gerbstoffe	
kräftig im Geschmack	gerbstoffreiche Weine	
leicht im Geschmack	gerbstoffarme Weine	

* Bitterkeit entsteht auch beim Braten, Grillieren und Schmoren.

VI Glossar

Abgang

Als Abgang oder Nachgeschmack bezeichnet man jene Empfindungen, welche nach dem Hinunterschlucken oder Ausspucken des Weins am Gaumen präsent bleiben.

Abstechen

Umfüllen eines Weins von einem Faß in ein anderes. Dieser Vorgang, Umzug genannt, trennt den klaren Jungwein vom Bodensatz.

Alkohol

Entsteht bei der Gärung. Der natürliche Frucht- und Traubenzucker (sowie allenfalls zugefügter Zucker; s. Aufzuckerung) wird durch die Hefe in Alkohol umgewandelt. Der Alkoholgehalt eines Weins beträgt üblicherweise zwischen 10 und 14 Volumenprozent.

Apfelsäure

Überwiegender Säuretyp unreifer Trauben. Beim biologischen Säureabbau wird die Apfelsäure in die mildere Milchsäure umgewandelt.

Aroma

Der Begriff umfaßt strenggenommen nur Gerüche, die von der Traube selbst herrühren (Primäraromen). Als Sekundäraromen werden Düfte bezeichnet, die bei der Gärung und im Verlauf der Faßlagerung entstehen. Die Tertiäraromen entwickeln sich während der Flaschenlagerung. Alle Gerüche zusammen bilden das Bukett.

Aufzuckerung

Wenn die natürliche Zuckermenge der Trauben nicht genügend Alkoholgehalt ergeben würde, wird der Traubenmost mit Rohrzucker oder Traubenmostkonzentrat angereichert.

Ausbau

Diese Stufe der Weinbereitung zwischen dem Ende der Gärung und der Flaschenabfüllung schließt Vorgänge wie Schwefeln, Schönen, Filtrieren usw. ein.

Barrique

Kleine Eichenfässer mit 225 Liter Fassungsvermögen, die ursprünglich aus dem Bordelais stammen. Neue Fässer verleihen dem Wein oft einen intensiven Vanillegeschmack.

biologischer Säureabbau

Im Anschluß an die normale Gärung kann (meist bei ansteigenden Temperaturen im Frühjahr) eine zweite Gärung stattfinden, bei der die aggressive Apfelsäure in die mildere Milchsäure umgewandelt wird. Diese Milchsäure- oder malolaktische Gärung ist bei allen Rot- und bei einigen Weißweinen erwünscht. Weißweine mit abgeschlossener Milchsäuregärung wirken jedoch wegen der milden Säure oft uninteressant und flach. Wenn der biologische Säureabbau nicht bereits im Faß/Tank erfolgt ist, kann er noch in der abgefüllten Flasche stattfinden und dort zur Bildung von Kohlensäure führen.

Botrytis cinerea

Dieser Pilz kann die Trauben bei feuchtwarmer Witterung befallen. Bei unreifen Trauben führt er zu Fäulnis, bei reifen Beeren dagegen zur erwünschten Edelfäule (s. dort).

Bukett

Siehe Aroma.

Chambrieren

Langsames Aufwärmen des Weins auf Zimmertemperatur. Der Begriff stammt aus jener Zeit, als die Keller noch sehr kühl und die Wohnräume kaum wärmer als 18° C waren.
Vermeiden Sie eine zu starke Erwärmung des Weins und holen Sie ihn zur rechten Zeit aus dem Keller. Die Tabelle auf Seite 61 hilft, den richtigen Zeitpunkt zu finden.

Dekantieren

Vorsichtiges Umgießen eines Weins in eine Karaffe. Dient in erster Linie dazu, den lange gereiften Wein von seinem Depot zu trennen.

Dessertwein

Wegen seines beträchtlichen Anteils an unvergorenem Restzucker wird dieser Süßwein eher zur Nachspeise als zum Essen getrunken.

durchgegoren

Der Traubenzucker hat sich bei der Gärung vollständig in Alkohol umgewandelt. Im Gegensatz dazu ist bei Weinen mit Restsüße die Umwandlung unterbrochen worden.

Edelfäule

Die willkommene Botrytis cinerea (s. dort) befällt die Trauben nach längerer Feuchtigkeit. Der Schimmelpilz zerstört die Traubenschale, und das Wasser entweicht. In den schrumpfenden Beeren nimmt die Konzentration des Fruchtzuckers in der Folge zu.

Entrappen

Entfernen der Stiele/Kämme von den Traubenbeeren. Mangelhaftes Entrappen führt zu einem Bitterton.

Extrakt

Umfaßt alle nichtflüchtigen Stoffe des Weins, die zu seinem Reichtum und seiner Qualität beitragen. Sie stammen vorwiegend von Farbstoffen und Tanninen, vom Alkohol und von den Mineralien.

Filtrieren

Siebvorgang im Weinbereitungsprozeß, um vorhandene Partikel vom Wein zu trennen. Wird als Alternative zum natürlichen Absetzen der Trubteile verwendet. Verhilft dem Wein zu Stabilität, kann aber seine Geschmacksvielfalt verringern.

Gerbstoffe

Auch Tannine genannt. Sie entstehen bei der Gärung aus den Traubenhäuten, -kernen und eventuell -kämmen. Zusammen mit Säure und Alkohol sind sie wesentlich für die Alterungsfähigkeit eines Weins. Intensität und Qualität der Gerbstoffe sind abhängig von der Dauer der Gärung, der Verarbeitung und der Traubensorte. Gerbstoffe werden aber auch von neuen Holzfässern abgegeben. Während der Flaschenreife werden sie durch Eiweiße ausgefällt und lagern sich mit den Farbstoffen auf dem Flaschenboden ab. Da Weißweine nicht an der Maische vergoren werden und kaum in Kontakt mit den Beerenhäuten kommen, sind sie hier unbedeutend.

Haltbarkeit

Die Haltbarkeit eines Weins wird im wesentlichen durch die Säure, den Alkohol und die Gerbstoffe bestimmt. Wichtig ist aber nicht nur die Intensität, sondern auch die Ausgeglichenheit dieser Komponenten.

Hefe

Die Mikroorganismen der Hefe bringen den Traubensaft zur Gärung und wandeln den Zucker in Alkohol um.
Oft werden die natürlich vorhandenen Hefen ausgefiltert und dem Most besser kontrollierbare Reinzuchthefen beigefügt.

Hektar (ha)

10 000 Quadratmeter

Hektarertrag

Der Ertrag eines Rebbergs wird in Hektolitern pro Hektare, manchmal auch in Kilogramm pro Hektare oder in Kilogramm pro Quadratmeter angegeben. Durch Ausdünnen der noch unreifen Trauben wird erreicht, daß die am Stock bleibenden Trauben bei der Ernte reifer und süßer sind und in der Folge bessere Weine entstehen. Je nach Gebiet sind solche Ertragsbegrenzungen behördlich festgelegt. Oft sind die Limiten jedoch so hoch, daß qualitätsbewußte Winzer sie freiwillig unterschreiten.

Hektoliter (hl)

100 Liter

Hybriden

Normalerweise werden veredelte Reben auf einen Wurzelstock gepfropft, um den Reblausbefall der Wurzeln zu verhindern. Hybridweine stammen im Gegensatz dazu von sogenannten Direktträgern, bei denen die Rebe noch am eigenen Wurzelstock wächst.

INAO

Institut National des Appellations d'Origine des Vins et Eaux-de-Vie. Diese Organisation mit Sitz in Paris regelt und überwacht das umfangreiche System der französischen Ursprungsbezeichnungen (Appellations Contrôlées).

Karaffe

Klare, meist henkellose Glasflasche (s. Dekantieren).

Keltern

Auspressen der Beeren. Heute meist mit Traubenmühlen, die die Beeren gleichzeitig vom Stiel trennen.

Kohlensäure

Sie entsteht bei der Gärung, kann aber auch künstlich zugefügt werden. Bei abgefüllten und reifen Rotweinen weisen Bläschen auf eine unerwünschte Nachgärung in der Flasche hin.

Macération carbonique

Kohlensäuregärung. Diese moderne Technik wird unter anderem im Beaujolais angewendet. Die Gärung erfolgt in geschlossenen Stahltanks unter Zugabe von Kohlensäure, was mehr Frucht und Extrakt aus dem Traubengut holt. Die Folge sind oft einfache, plumpe, kurzlebige Weine.

Maische

Brei der zerquetschten und meist entrappten Beeren.
Für die Rotweinherstellung wird die Maische zur Gärung gebracht, wobei die Beerenhäute Farb- und Gerbstoffe an den Wein abgeben. Beim Weißwein wird die Maische sofort abgepreßt, so daß keine Farb- und Gerbstoffe in den Wein gelangen können. Dies erklärt die Tatsache, daß Weißwein auch aus roten Trauben stammen kann. Roséweine liegen nur kurze Zeit an der Maische.

Milchsäuregärung

Siehe biologischer Säureabbau.

Nachgärung in der Flasche

Siehe biologischer Säureabbau.

Nachgeschmack

Siehe Abgang.

Oxydation

Alterserscheinung des Weins bei zu intensivem Luftkontakt (defekter Korken) oder zu langer Lagerung. Eine Braunfärbung des Weins zeigt die Oxydation an.

Perlage

Siehe Seite 11.

Reduktion, reduktiver Ausbau

Ausbau unter Vermeidung von Luftkontakt zur Förderung der Aromen und der Frische. Zu extreme Reduktion kann zu Fehlgerüchen führen.

Restzucker

Zucker, der bei der Gärung nicht in Alkohol umgewandelt wurde. Restzucker besteht aus Frucht- und Traubenzucker.

Rückgeruch

Gerüche gelangen sowohl direkt durch die Nase zum Riechkolben, unserem eigentlichen Riechzentrum, wie auch indirekt durch den Mund und den Nasen-Rachen-Raum.
Die durch die Wärme des Gaumens freigesetzten Aromen werden als Rückgeruch bezeichnet.

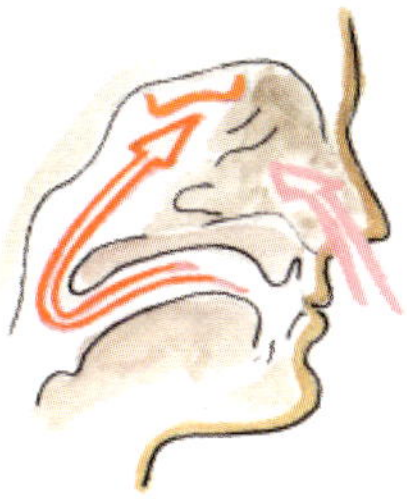

Säure

Die Säure ist wichtig für die Lagerung. Sie verleiht dem Wein Leben und Harmonie und hat wesentlichen Einfluß auf den Geschmack und den Abgang. Neben der erfrischenden Weinsäure kommt auch die eher aggressive Apfelsäure vor (z. B. bei unreif geerntetem Traubengut; s. auch biologischer Säureabbau).

Schönen

Klärung des Weins von feinsten Trubteilchen, etwa mit Eiweiß.

Spätlese

Wein aus Trauben, die nach der normalen Ernte gelesen wurden.

Tannin

Siehe Gerbstoffe.

Traubenkämme

Stiele, an denen die Beeren der Trauben hängen.

Verschnitt

Mischen von Weinen verschiedener Jahrgänge oder unterschiedlicher Herkunft.

Viskosität

Zähflüssigkeit des Weins deutet auf einen höheren Alkohol- und/oder Zuckergehalt hin. Visuell wird sie nach dem Schwenken des Weins an ausgeprägten «Kirchenfenstern» am Glasinnenrand wahrgenommen.

Weinstein

Am Korken oder in der Flasche vorkommende Kristalle werden oft fälschlicherweise als Zucker angesehen. Weinstein entsteht bei der Abkühlung des Weins. Normalerweise findet dieser Vorgang bereits im Faß statt, kann aber auch nach kalter Lagerung bei Flaschenweinen vorkommen. Das Auftreten von Weinstein beeinträchtigt die Weinqualität nicht.

Zucker

Trauben enthalten etwa gleich viel Trauben- wie Fruchtzucker. Der Gesamtgehalt wird in Öchsle-Graden angegeben. Je mehr Sonne die Traube erhält, desto höher liegt ihr Öchsle-Wert. Zur Erhöhung des Alkoholgehalts wird dem Most oft Rohrzucker (Saccharose) oder Traubenmostkonzentrat zugefügt.

Inhalt